AF561037

# MI ENCUENTRO CON DIOS

**Elsa MV**

EDIQUID

MI ENCUENTRO CON DIOS



Editado por: Corporación Ígneo S.A.C.
para su sello editorial Ediquid
Av. Arequipa 185 1380, Urb. Santa Beatriz. Lima, Perú
Primera edición, julio 2021

ISBN: 978-612-5042-07-1
Impresión bajo demanda

Hecho el Depósito Legal en la Biblioteca Nacional del Perú N° 2021-07637
Se terminó de imprimir en julio de 2021 en:
ALEPH IMPRESIONES SRL
Jr. Risso Nro. 580
Lince, Lima

www.grupoigneo.com
Correo electrónico: contacto@grupoigneo.com
Facebook: Grupo Ígneo | Twitter: @editorialigneo | Instagram: @grupoigneo



Diseño de portada: Mariana Barrientos
Corrección: Vanessa Chapman
Diagramación: Dianora Gómez Nessi

Colección: Integrales

# ÍNDICE

# DEDICATORIA

Este libro es para ti, mi bebé hermoso, que estás en el cielo. Algún día te veré y te conoceré, no hoy ni mañana, sino dentro de mucho tiempo. Aún me faltan cosas por vivir y sé plenamente que cuando te vea te tomaré en mis brazos, te llenaré de besos, te sentaré sobre mis piernas y te contaré todo lo que viví.

Acompañar, amar y dejar ser es de Dios.

Hay días nublados y otros soleados. El sol está siempre saliendo para quien ama-nace y brillando para quien pueda ver.

Hay experiencias extraordinarias y bellas que conllevan lecciones, unas amargas y otras dulces, pero todas están llenas de bendiciones.

Existen personas sencillas que se cruzan en tu camino, y no siempre recuerdas que deseas disfrutar de ellas, aprender y/o enseñarles. Como Él dijo, cuando uno enseña, siempre dos aprenden. Así me ocurre contigo, bella Elsa.

Dios te mandó una mañana en que coincidimos. Solo te recibí y le pregunté a Él: «¿Cómo acompaño?». La respuesta fue casi la misma de siempre: «Ella sabe qué necesita y tú, con paciencia, solo abrázala y cúbrela con tu manto de luz». Así es, tal y como Él manda.

Crecemos juntas y aprendemos a recibir, con Dios de la mano, recordando pensar bien ya que Él es, y nosotras somos, el Verbo encarnado.

Confiando en que Él está en el cielo y en la tierra, en el canto de los pájaros y las lágrimas —que no son menos que el bálsamo del alma—, recordamos juntas que vinimos a vivir y recobrar la gracia y la alegría divina que Él es y nos dio.

Aquí estamos, aplicando la sabiduría de la anciana japonesa que dice: «Haz mucho el bien».

Retomamos el camino de la vida, honrando las que se fueron y disfrutando la que Él nos regaló, saliendo de un doble duelo no autorizado, sin nombre, velado, sin sosiego, tocando el vacío de la inmensidad creativa para re-significar lentamente.

Te honro, bebé; te admiro, madre; te acompaño, mujer, así como a tu pareja y a tu hija.

Solo eso: tú eres Él.

Tomadas de la mano, confiamos en que dejamos al amor vivir en el corazón. Vamos a reírnos y llorar muchas veces más, pero ya jamás solas, jamás con amargura, porque Él es nuestro Pastor y nos creó a su imagen y semejanza, en su gran misericordia, para acompañarnos, abrazarnos y hacernos sentir vivas.

Gracias por tu testimonio, humana angelical, y por abrir el diálogo con lo invisible y dejarlo fluir en ti para que muchas mujeres puedan sentirse acompañadas por Él y por nosotros, sus hermanos, cuando el camino se torne gris y el corazón se estruje.

En el cielo y en la tierra somos almas eternas. Él te invita, Elsa, a disfrutar el presente y ver su mano bondadosa en todo lo que es, ya que Él Es.

Yo Soy quien te invita a agradecer cada instante ¡y a cambiar el chip!

¡Quiero vivir! Se ha dicho.

Por favor.

Gracias.

Virginie Rose Priola

# MI ENCUENTRO CON DIOS

En ese momento lo vi y sentí una paz y una tranquilidad... Muchos de ustedes han pasado por situaciones difíciles o complicadas en su vida y se han preguntado varias veces: «¿Por qué a mí? ¿Qué he hecho para merecer esto?». Y quizá siguen sin respuesta, pero la verdad es que siempre la hemos tenido, solo que no sabemos reconocerla.

Este libro nació después de sufrir uno de los momentos más dolorosos de mi vida. No, no fue un desamor, sino el perder un hijo, ese que no tiene nombre cuando te sucede y que cuando pasa no sabes qué hacer.

Pero ¿qué crees? No necesitas pasar por acontecimientos tan dolorosos como ese para poder acercarte a Dios. Me di cuenta muy tarde de ello y fue hasta ahora cuando empecé a buscarlo, a hablarle y contarle mis cosas. Él ya las sabe, pero quiere que se las digamos, no importa de qué tipo sean, buenas o malas (desde nuestra perspectiva, porque para Él no hay diferencia). Dios sabe todo lo que haremos en la vida porque nos conoce desde antes de nacer y aun así nos amó y nos sigue amando.

Se nos ha hecho creer, y más en estos tiempos, que la religión es un acto de manipulación, pero fuera de toda doctrina religiosa, esotérica o espiritual, el creer en Dios es un acto de fe que sobrepasa todas las creencias. No importa si estás pasando por momentos difíciles —e incluso en las buenas épocas—, siempre hay que estar agradecidos con Él por todo lo que se tiene.

Quizá te preguntes: «¿Qué tengo para agradecer?». Te contestaré que todo.

# CAPÍTULO I

# ANALIZANDO LOS MOMENTOS EN QUE DIOS ESTÁ CON NOSOTROS

Empecemos haciendo una retrospectiva de nuestras vidas, pero no, no te vayas tan atrás. Comienza recordando momentos que no se te borran de la mente: instantes de tu niñez, adolescencia, juventud o madurez.

Por ejemplo, hay eventos que se recuerdan como si hubieran sucedido ayer. A veces pueden ser muy simples y no sabes por qué no se te borran, pero si los analizas, descubrirás que Dios estuvo ahí. Él quiere que los recuerdes porque fueron los instantes en los que Él vibró más cerca de ti.

Eso no significa que Dios no está con nosotros. Él está dentro de cada uno en todo momento, pero hay circunstancias donde obra de manera tan directa que lo hace para enseñarnos algo o simplemente para resaltar que siempre está en nosotros.

Recuerdo perfectamente un acontecimiento de mi niñez, cuando tenía como seis años (en los noventa). Me iban a robar, ¡sí, a robar!, no a secuestrar, porque vengo de una familia muy sencilla, en la que había que vender para poder comer, así que era muy notorio que mis padres no podrían pagar un rescate. No digo esto como algo triste, porque fue una niñez muy sencilla, pero bonita.

Retomando el hecho: mis papás, mis hermanos mayores (dos hombres en ese entonces) y yo íbamos a vender a un tianguis enorme que se ponía en la colonia Vicente Guerrero, en Iztapalapa. Era un tianguis de «chacharas», como comúnmente se dice, con terreno de tierra suelta, donde el viento formaba enormes torbellinos de polvo y tenías que cuidar tu mercancía porque, si no, salía volando. Mis papás vendían alfombras nuevas y usadas y artículos que le regalaban a mi papá de sus trabajos en casas (juguetes, ropa, etc.).

En una ocasión, mi papá me mandó a nuestro coche por más mercancía. Tenía que caminar fuera del tianguis, que estaba enrejado. Sin embargo, desde adentro se veía sin problemas hacia la avenida y el trayecto no era largo, así que fui. De regreso, en un vehículo tipo «vochito» que tenía la puerta del lado derecho abierta y sin asiento de copiloto, había un costal que parecía estar lleno de juguetes. De la parte trasera se asomaba una mujer de cabello corto como de hombre, chino y negro, que me decía con mucha efusividad: «¡Ven!». Al mismo tiempo me enseñaba los juguetes, esperando que me acercara. Mientras tanto, en mi cabeza pensaba: «¿Por qué esa señora me quiere regalar algo, si no la conozco?». Como acto de defensa (pues la señora no me daba confianza), me acerqué a la reja y caminé hacia mis padres. Cuando llegué con ellos les dije lo sucedido y entonces alertaron a los demás tianguistas. Las personas del «vochito» salieron huyendo.

En ese momento no entendí lo que pasó. Para mí era raro que alguien que no conocía me ofreciera algo. Mis padres siempre me habían enseñado que nada es regalado, que hay que trabajar para obtenerlo; pero creo que Dios obró en ese momento en mí, pues a mis seis años, ¿qué iba a saber de intuición o malas vibras? Algo dentro de mí me dijo: «¡No te acerques!» y hasta ahora comprendo que Dios estaba ahí cuidándome y, a su manera y con mi entendimiento para esa edad, supo darme una señal.

Tú también puedes tener momentos en los que no te explicas por qué actúas de cierta forma, pero es porque Dios está obrando en ti para protegerte.

Retomando mi niñez, la verdad puedo decir que fue muy linda. Mi casa era de tres habitaciones apenas y tenía un techo de lámina de cartón. En el patio había un árbol de duraznos que ocupaba la mitad del espacio y producía una sombra fenomenal. También había una higuera y mi mamá, entre ambos árboles, colocó una hamaca. Recuerdo que ese lugar era como estar en el paraíso.

A mi madre le encantaban (y hasta la fecha le gustan) las plantas. Tenía rosales de todos colores, pero su obra más hermosa era una bugambilia morada que cubría el zaguán y una parte de la barda de la casa, enredándose con el árbol de duraznos. En fin, era una casa hermosa.

Volviendo a recordar los momentos en que Dios me protegió, tengo presente la casa de mi abuela materna, donde nos encantaba estar (¿a quién no le gustaba estar con su abuela?). En aquel entonces en mi niñez (en los noventa), podíamos salir a la calle a divertirnos con todos los vecinos, comer en casa de los amigos y estar hasta la noche en la calle jugando la cuerda, atrapadas, golpara, cebollitas, escondidillas, canicas, carreritas... ¡un sinfín de juegos!

En una ocasión, en la calle de la casa de mi abuela hubo un tiroteo, ¡sí, un tiroteo!, pues a un vecino, que no era alguien tan recto (se decía que vendía drogas), unas personas a quienes no les caía bien decidieron balacearle su casa. Lo peor es que fue en la tarde, cuando todos los niños que vivían ahí, además de mis hermanos y yo, estábamos jugando.

Vimos una camioneta negra que dio la vuelta a alta velocidad y al pasar justo enfrente de la casa del vecino que vendía droga, empezaron a disparar desde el interior. En ese momento recuerdo la voz de un adulto, que nos estaba cuidando, gritar: «¡Metan a los niños! ¡Metan a los niños!». Sentí que me empujaron a una casa. Entramos corriendo y recuerdo que nos decían: «¡Agáchense!». Mi tío entró detrás de mí, y a él lo alcanzó una bala en el pie.

Solo puedo pensar que Dios, por medio del señor que nos cuidaba en la calle, me protegió a mí y a los demás niños, y que mi tío, que estaba detrás de mí, esquivó una bala que pudo haberme dado. En ese momento Dios estuvo ahí al mandarme aquellos ángeles para protegerme.

Cuando digo «Dios, a través de sus ángeles» es porque se puede valer de estos seres para ayudarnos. Él obra a través de cada uno de nosotros porque vive en nuestro interior, pero también nos manda señales o ayuda mediante ciertas personas.

Así que cuando creas que Dios no te ayuda o escucha, trata de recordar momentos en los que alguien intervino para protegerte. Pudo ser cuando ibas caminando y alguien te alertó de un coche o de pisar una coladera o de que se te cayó algo. Quizá son cosas simples, pero, si las analizas, verás que Dios está obrando a través de él o ella.

# CAPÍTULO II

# ÁNGELES DE CARNE Y HUESO

Te preguntarás, al igual que yo, si existen ángeles de carne y hueso. La religión y la espiritualidad señalan que los ángeles son seres superiores mandados por Dios, que están con cada uno de nosotros para protegernos y que tenemos un ángel específico que nos guía.

Si te pones a analizar, hay seres humanos que aparecen en nuestras vidas y nos dejan un gran aprendizaje, ya sea para bien o para mal. Después de ellos no somos los mismos. Algunos se quedan contigo hasta el final y otros se van perdiendo, pero todos dejan una huella en ti.

Si haces memoria, recordarás ciertos individuos que han pasado por tu vida para dejarte una enseñanza, pero, ¡espera!, quizá te preguntes: «¿Cómo sé qué personas son? O, si a mis (tantos) años he conocido miles de seres humanos, ¿cómo sé cuáles me enseñaron algo y cuáles no?». Los ubicarás perfectamente porque, al igual que hay momentos que no olvidamos, hay personas que tampoco se nos borran de la mente. En mi caso tengo una larga lista, pero solo mencionaré a los más emblemáticos.

Cuando iba en segundo, tercero y cuarto de primaria tomé clases con la misma maestra, Norma Verónica. Era una maestra ejemplar desde mi punto de vista. Tenía un método de enseñanza bueno, pero, sobre todo, un gran corazón. Podría decirse que yo era su consentida, pues no es por presumir, pero siempre fui una niña a la que le gustaba ir a la escuela y estudiar. Hacía al pie de la letra todo lo que indicaba la maestra, tanto en el salón como de tarea.

En esa época mi mamá vendía dulces y juguetes en la hora de entrada y salida de clases, tanto en el turno matutino como vespertino, y mis hermanos y yo le ayudábamos.

En cuarto año se celebró el festival del Día del Niño y recuerdo que en el salón votaron por hacer un convivio y pedir hamburguesas de McDonald's (el menú de la Cajita Feliz). Recuerdo que eran treinta y nueve pesos en ese entonces. Yo decidí no participar porque sabía que mi mamá no tenía dinero para cubrir ese gasto.

Ese día no quise ir a vender con mi mamá. Me quedé en casa viendo televisión, pero ella regresó y me dijo que me cambiara para ir a la escuela. Recuerdo que llegamos y todos en el salón se acercaron, me abrazaron y me dijeron que me querían mucho. Me pude quedar en el convivio porque alguien (o algunos o todos) había pagado mi cuota de participación.

Nunca pregunté bien qué pasó. Ahora lo pienso y no sé si fue mi mamá la que pagó o la maestra o todos mis compañeros, pero, fuera de eso, el sentirme querida y apoyada por todos me hizo ver que la vida era más que dinero para un convivio: era compartir.

Sin embargo, como hay momentos o recuerdos lindos que tenemos de ciertas personas, también existen otros no tan agradables. Recuerdo de igual modo que tuve una maestra en sexto grado de primaria que se llamaba Juana. Por alguna extraña razón que desconocía no le caía bien a esa maestra. Obviamente no era su consentida, pero seguí siendo la aplicada del grupo. En contra de sus deseos, esa maestra me tuvo que postular a una beca por mi desempeño académico, y también porque lo necesitaba.

Recuerdo que cuando cobré la beca por primera vez fue padrísimo porque ese dinero estuvo destinado a comprar un *boiler* (de sesenta litros) para la casa que estaban construyendo mis papás (hasta entonces nos bañábamos a cubeta y jícara). Entonces el aportar ese dinero de mi esfuerzo mental para algo que nos ayudaría a tener un lujo (así lo veíamos) era increíble.

Días después de cobrar la beca, la maestra Juana me hizo un comentario de una forma tan grosera: «¡Qué poquitera eres! ¿Cobraste la beca y no trajiste nada para la clase?». Yo le comenté a mi mamá y ella compró dulces para repartir en el salón, los llevé y la respuesta de la maestra Juana fue: «¡Mmm... ¿esto?!».

A mi edad no comprendía por qué me trataba así y reconozco que me hacía sentir mal. He aprendido que efectivamente podemos no caerles bien a todos, pero eso no significa que nos conozcan o viceversa. Muchas veces prejuzgamos a las personas sin conocer su entorno, su vida, y hacemos comentarios sin saber que podemos herirlas.

Hasta ahora comprendí que esa maestra no conocía mi historia ni la de mi familia. Tampoco estaba obligada a contarle para que me comprendiera. Solo sé que no quiero ser como ella y que antes de hacer comentarios intento ser empática. A lo mejor ella también pasaba por situaciones difíciles y era su manera de manifestarlas. Esta experiencia me enseñó a no prejuzgar y respetar a todas las personas, porque no sabemos las luchas que están enfrentando.

No quisiera llenarte de todos mis recuerdos, ya que un sinfín de personas ha marcado mi vida. En su momento pensaba que no, pero luego entendí que todas te dejan enseñanzas buenas. Debes sacar lo bueno de todo a lo que te enfrentas o se te presenta. No te dejes caer ante cada piedra que te avienten: debes esquivarlas o atraparlas.

Las personas que se cruzan en tu camino tienen una razón de estar ahí. Todas, sin saberlo, tienen un aprendizaje para ti, al igual que cada uno de nosotros somos un medio para que los demás aprendan algo en sus vidas. Lo hacemos sin comprensión de ello, es algo espontáneo, accidental.

Tratemos de ser ángeles de luz para ellos, no juzgando y brindando nuestra asistencia en caso de que nos la pidan. Muchas veces pensamos que podemos ayudar a los demás obligándolos a seguir nuestros consejos, pero no: si nuestra participación no es requerida no debemos darla, porque no será de la utilidad que pensamos.

En caso de que requieran nuestro consejo, opinión o simplemente alguien que los escuche, hay que hacer eso, no más. Esas personas necesitan vivir sus propias experiencias para forjarse un aprendizaje y quizá nuestro papel es solo de acompañamiento.

Este mensaje también lo aprendí algo tarde. Sin querer, por mucho tiempo lastimé a una de las personas más importantes en mi vida. Mi amiga, a quien conocí entrando en la preparatoria, era el tipo de chica que me hubiera gustado ser en ese entonces en mi vida, segura de sí misma, inteligente, un ejemplo de adolescente empoderada.

Para mí era genial tenerla como mi amiga. Íbamos al mismo salón. Al principio ella me veía como compañera de clases; después, sin saber cómo, se fue dando esa amistad que llegó hasta los tiempos de la universidad. Aunque ya no compartíamos el salón, nos buscábamos entre horas libres y a la salida, para vernos y compartir. Nos platicábamos todo, lo que soñábamos, comíamos, qué nos íbamos a poner, quién nos gustaba... todo lo que se pueden contar las amigas a esa edad; pero también teníamos momentos de intelecto y hablábamos de las tareas, los trabajos o consejos laborales —en este caso, ella a mí, ya que empezó a trabajar antes que yo en la universidad y a adquirir experiencia laboral.

La adolescente y mujer empoderada en quien se estaba convirtiendo hacía que yo la admirara aún más. Ella me aconsejaba de moda y hasta en mis relaciones amorosas, que la verdad no eran muchas, y tampoco se podían llamar relaciones porque solo fueron encuentros románticos —pero dejémoslo hasta ahí.

Terminamos la universidad y cada una siguió caminos laborales distintos, pero la amistad todavía estaba presente. Nos buscábamos para vernos, salir a fiestas, reuniones o simplemente tomar un café para platicar y contarnos nuestras cosas; hasta que, poco a poco, cada una fue alejándose. Si yo no tenía tiempo, ella tampoco...

No recuerdo con exactitud el día u hora en que nos dejamos de frecuentar o de interesar la una por la otra, pero fue notorio.

Desde mi punto de vista, cuando la veía, ya no encontraba a la mujer empoderada que recordaba. La notaba apagada, sin vida, descuidada en su persona. En gran parte esto ocurrió porque efectivamente la vida le había puesto muchas pruebas y tontamente pensaba que debía aconsejarla sobre cómo salir adelante. Me ponía de ejemplo pues ya me sentía con la facultad y con el nivel para hacerlo; ahora era yo la que se sentía empoderada.

Pero ¿qué creen? ¡Fue un gran error! Ella no quería a esa amiga, sino a la que siempre la escuchó, y no porque mis consejos no fueran buenos, sino que en esa etapa no quería consejos, solo tener cerca a la gente que amaba. Eso no lo comprendía. Llegué a pensar que envidiaba mi empoderamiento. ¡Qué basura!

Así la alejé de mí como yo me alejé de ella. Aparté a una amiga que necesitaba de mí, de mi presencia, no de mis consejos y ahora es cuando lo entiendo: en estos momentos de mi vida, solo quiero sentir a la gente que amo cerca. No quiero que me digan absolutamente nada, solo sentirlos conmigo.

Hay que aprender a silenciar la boca y hablar con el corazón.

# CAPÍTULO III

# NO TE DEJES VENCER

Cuando sientas el agua hasta el cuello (literalmente, como en mi caso), patalea, nada hasta la orilla. No te dejes vencer. Muchas veces sentimos por momentos que la vida se ensaña con nosotros, y cuando creemos llegar al límite, sucede otra cosa que nos recuerda que aún hay algo peor —desde nuestro punto de vista, pues cada quien le da un valor diferente a cada cosa, suceso o persona.

Pero debemos saber que Dios no nos da batallas que no podamos enfrentar y estar conscientes de que siempre vamos a salir adelante, a superar lo que nos esté pasando, que el tiempo ayuda y que no nos podemos dejar vencer.

Recuerdo que en una ocasión visité las playas de Acapulco con unos amigos. Recientemente había tomado clases de natación y estaba muy emocionada de que a mis veinticuatro años de edad hubiera aprendido a nadar. Veía el mar de otra manera, no con miedo. En ese viaje me habían enseñado a nadar entre las olas (pero cerca de la orilla) y me sentí con mucha más confianza para irme sola más adentro.

Sin embargo, el mar es muy misterioso y potente. En un abrir y cerrar de ojos el agua me arrastró y me estaba hundiendo. Las olas me golpeaban y revolcaban. Agitaba mis manos para que alguien me viera, pero no tenía éxito, pues ya estaba lejos de la orilla y mis amigos no me podían ver.

Recuerdo cómo me hundían las olas y sentía que me halaban por los pies. Para ese momento tenía los ojos abiertos y nada más veía agua turbia y las olas tapándome. Solo podía respirar en los momentos en que podía flotar. Era como un juego: el mar me dejaba flotar y respirar, pero luego me sumergía. Así estuve mucho tiempo. Cuando me estaba agotando, pensé que hasta ahí había llegado. Rezaba: «¡Dios, que encuentren mi cuerpo y que se lo puedan dar a mi mamá!».

En eso mi voz interior dijo: «¡No! ¡No me quiero morir! ¡Sé nadar! ¡Puedo luchar!». Fue como si un chip en mi cabeza se hubiese reprogramado y mi cerebro empezó a pensar en estrategias de salvación. Recuerdo que me decía: «¡Sabes nadar en varios estilos, así que escoge el que menos te cansa!». Por eso empecé a nadar de pecho. Después mi voz analizó: «Las olas son fuertes, así que intenta que una te aviente a la orilla y nada». Así que empecé a ver cómo venían las olas. Cuando calculé que venía una, salí a respirar y me lancé en el sentido de la misma. En ese momento recuerdo perfectamente que el dedo gordo de mi pie derecho tocó la arena. Me aferré, seguí en ese sentido y nadé lo más que pude hasta lograr salir.

Efectivamente nadie se había dado cuenta, pues el mar me había llevado al otro extremo de la playa. En ese momento le di gracias a Dios que me escuchó, me dio fuerzas, y, sobre todo, se apoderó de mi mente para no dejarme vencer y luchar por mi vida.

En ese momento no comprendí, pero ahora lo analizo. Dios obró en mí, «cambiando el chip» para que pudiera salir adelante.

Siempre hay que luchar aunque tengamos el agua arriba del cuello. Dios está con nosotros siempre.

# CAPÍTULO IV

# DIOS TE EMPUJA

Cuántas veces has tenido miles de planes, proyectos, ideas, anhelos, sueños... pero no los realizas por falta de un pequeño «empujón». O viceversa: algunos los pudiste realizar gracias a que sentiste el apoyo de alguien o recibiste un dinero inesperado o tuviste los días libres, es decir, que simplemente se dio el momento y la oportunidad exacta de realizarlos.

Déjame decirte que en esos momentos Dios obró en ti para que tuvieras ese «empujón» y pudieras realizar tus proyectos.

De niña, siempre tuve el deseo de estudiar y ser presidenta de la república (todavía es algo que no quito del renglón en la lista. ¡Así de grande han sido mis sueños!). También quería viajar y conocer muchos países, el mar y ser una mujer exitosa.

Como les había comentado anteriormente, mi familia era muy humilde, por lo que la idea de viajar en avión era maravillosa, pero también provocaba temor.

Sobre todo, sentía miedo ante lo desconocido.

Vi el mar por primera vez a mis veintiún años de edad, en mi primer viaje sola con unas amigas. En ese entonces estudiaba y trabajaba, por lo que el dinero me permitió empezar a cumplir algunos de mis sueños.

Esos empujones de que les hablaba ocurrieron gracias a mis amigas, que me alentaban e impulsaban a conocer, a dejar el miedo atrás y a aprovechar los momentos. En ese viaje fue padrísimo ver el mar (de Veracruz) y la inmensidad, sentir la arena por primera vez y las ganas de nadar, pero apareció la preocupación de no saber hacerlo.

Muchas veces por temor no nos arriesgamos o no hacemos algo. El miedo es solo la falta de fe, pero Dios siempre está ahí con nosotros, empujándonos a salir adelante. Nos pone un sinfín de oportunidades que muchas veces no nos atrevemos a tomar. Entonces, Él se ayuda de personas que nos motivan y alientan. En mi vida, mi compañero es la persona que siempre me impulsa y anima cumplir mis metas, sueños y siempre me ayuda a ser la mujer que quiero ser.

Desde que lo conocí me enseñó muchas cosas. Con él ocurrieron muchas de mis primeras veces: la primera vez que me subí a un avión, la primera vez que fui al teatro, la primera vez que viajé al extranjero, la primera vez que fui con un dentista, la primera vez que hice ejercicios, la primera vez que corrí un maratón, la primera vez que amé, la primera vez que viví con alguien, la primera vez que viajé sola... y sigue la lista...

Cuando le comentas algo siempre te dice: «¡Hazlo!». Él te impulsa a hacerlo, nunca te frena o limita. Siempre ha sido mi empujón cuando he dudado, ya sea por miedo o inseguridad. Es indudable que Dios lo puso en mi camino: es el empujón que Dios me da en la vida.

Pero él es algo más que mi empujón. Si hablara de él, no habría libro, enciclopedia o tratado que le hiciera justicia a su calidad como ser humano. Es una persona tan noble, sincera, respetuosa y con valores. Es callado (con la gente que no conoce), pero superalegre y divertido cuando tiene tu confianza. Es leal, recto, honesto, poco expresivo (pero te demuestra todo con hechos), buen amigo. Es de las personas que no mira a quién ayuda. Es un ejemplo de caballero, pues respeta y admira a las mujeres de una manera impecable. No le gustan los conflictos y le importa poco lo que piensen de él. Tiene una fuerza mental envidiable, no se enoja con facilidad, es trabajador, y las demás son cualidades que reservo para mí...

Siempre he sido un libro abierto para él: conoce mis miedos (los cuales, con ayuda de Dios, he ido desvaneciendo), mis debilidades y mis flaquezas, pero siempre ha estado ahí, alentándome.

Hoy más que nunca estoy segura de que Dios lo puso en mi camino porque sabe que él y yo somos el complemento perfecto, que soy para él la persona que quizá no buscó, pero pudo ver en mí a la mujer con quien compartir el resto de su vida.

Ustedes se preguntarán qué haré sin él. Les respondo que eso también me lo ha enseñado. Me ha dicho que debo tomar mis propias decisiones sin necesitar la opinión de alguien y si quiero hacer algo, debo hacerlo; que disfrutemos el ahora porque no sabemos lo que nos depare el futuro, y que debo salir adelante por mí misma; y así lo he hecho. Lo tengo a mi lado, pero sé que la felicidad está en uno mismo.

Todos tenemos a Dios con nosotros, solo que no logramos sentirlo. Por eso Él se vale de muchos medios para hacernos saber lo valiosos que somos. Una forma son estos empujones, que vienen por medio de alguien, pero quien debe tomar siempre la decisión es uno mismo.

Dios obra en nosotros y Él sabe siempre cómo sacarnos a flote.

# CAPÍTULO V

# DEJA DE OBVIAR

Cuántas veces hemos perdido la capacidad de asombro ante las cosas tan bellas que nos da un día más de vida. Despertamos y dormimos como si fuéramos máquinas y hacemos a un lado lo asombroso que es poder respirar, ver, oler, sentir, caminar, hablar, morder, moverse, agacharse; cosas tan básicas como ir al baño, comer, tomar agua, etc. Quizá las obviamos, por el hecho de que siempre podemos hacer esas actividades, y dejamos de valorarlas. Sin embargo, hay que apreciar cada día lo que podemos hacer y dar gracias porque no sabemos cuándo dejemos de hacerlo.

En mi caso, estaba en el segundo trimestre de mi tercer embarazo —en el primero tuve una hermosa niña, a la que amo con todo mi ser, y el segundo fue un embarazo anembriónico— cuando empecé a tener sangrados vaginales. El ginecólogo tomó la decisión de que tuviera reposo absoluto, es decir, no moverme de la cama para nada, hacer del baño en un cómodo, asearme con una esponja, comer en la cama y no realizar movimientos bruscos; prácticamente debía quedarme inmóvil.

Fue en esos momentos cuando más valoré mis actividades más simples, pero tan valiosas. Me puse a pensar en todo por lo que deben pasar las personas que de verdad no pueden moverse por motivo de una parálisis o enfermedad. No pude evitar pensar en mi abuelo paterno, que por un accidente automovilístico quedó paralítico. Recuerdo de niña cómo tenían mis tíos que cargarlo para sentarlo en su silla de ruedas o acostarlo en la cama. Mi abuela también lo llevaba al baño y lo aseaba en su silla de ruedas, en el patio, bajo los rayos del sol.

Podía imaginar lo frustrante que era para mi papá Miguel (así le decía) depender de alguien en todo lo que nosotros damos por sentado. En esos días de reposo me sentía una inútil y deseaba mucho levantarme de la cama, poder caminar y comer lo que quisiera y me avergonzaba que me ayudaran con el cómodo para hacer mis necesidades fisiológicas; pero pensaba que si ese sacrificio era por el bien de mi bebé, lo podía soportar.

Estuve aproximadamente tres semanas en esa situación, ya que después tuve otro diagnóstico, pero me bastó para aprender a atesorar el poder ser independiente y agradecer a la vida que puedo hacer cosas sencillas, pero tan valiosas.

Dejemos de pensar que siempre podremos respirar, caminar, comer, hablar, oír, ver y no creamos que vamos a estar con alguien para siempre. Hay que atesorar cada momento con un ser querido porque no sabemos cuándo será la última vez. Demos gracias a nuestro cuerpo y a Dios por la oportunidad de estar en este plano y aprovechemos cada instante con las personas amadas.

Valoremos día con día la alegría de poder vivir a plenitud.

# CAPÍTULO VI

# ACÉRCATE A DIOS

Muchas veces nos hemos refugiado en Dios o en la espiritualidad cuando pasamos por momentos que no son tan buenos en nuestras vidas, cuando sentimos que no tenemos rumbo, estamos enfermos o no sabemos por qué nos suceden acontecimientos desafortunados. Entonces sale nuestro yo espiritual y queremos que todo se resuelva por medio de oraciones. O al menos así me ocurrió a mí.

Mi primer acercamiento espiritual fue hace aproximadamente dos años y medio. En ese tiempo me sentía la mujer más feliz del mundo: tenía una familia hermosa, trabajo, salud, amistades, logros profesionales, etc. Solo me faltaba otro hijo o hija, pues ya tenía una hermosa niña y deseaba otro bebé en casa.

Así que me hice a la idea de que mientras terminaba de estudiar la especialidad (estaba cursando Derecho administrativo) me iba a embarazar, iba a hacer mi tesis y a titularme. Efectivamente me embaracé. Compré una de esas pruebas que se llaman «predictor», calculé el día fértil en el cual debía tener relaciones sexuales, las tuve y sí quedé embarazada.

¡Nada podía salirme mejor de como lo planeé! El ginecólogo me revisó y, tras analizar mis pruebas de laboratorio, confirmó mi embarazo. Me dio cita para mes y medio después y me ordenó más pruebas de laboratorio y un ultrasonido de alta resolución para la siguiente cita.

Una semana antes de la cita con el ginecólogo fui a hacerme el ultrasonido requerido. Ese día fui sola porque era entre semana y había que trabajar. Cuando el especialista me estaba revisando, me dijo: «¿Por qué le mandaron este estudio?». Le respondí: «¡Porque estoy embarazada!». Él me dijo: «¡Pues no se ve nada! ¿Cuánto tiempo tiene?» y le expliqué que como nueve semanas. En la pantalla efectivamente no se veía nada, solo la bolsa gestacional, pero sin embrión.

En ese momento sentí que mi mundo se derrumbaba. No podía creer lo que veía, pues deseé tanto a mi bebé y programé todo para que sucediera que no comprendía lo que estaba pasando. Lloré inconsolablemente. Salí del laboratorio, avisé a mi ginecólogo y me pidió que le mandara los estudios. Fui a trabajar como si nada estuviera pasando, pero pensando qué iba a hacer. El ginecólogo indicó que debía esperar unas semanas porque a veces los embriones solo se veían dependiendo del tiempo que tenían.

Esa fue la primera vez que recé tan, pero tan fielmente para que todo saliera bien. Siempre había sido una creyente, pero en ese momento lo fui más. Pasé una semana de incertidumbre y decidí acudir con otro especialista para que me hiciera un nuevo estudio. Efectivamente no había nada, solo la bolsa gestacional.

No comprendía qué pasaba, pues en el primer ultrasonido se había visto el latir de un corazón. El técnico me explicó que podía haberse desintegrado, que la naturaleza era sabia y seguramente algo no venía bien.

Le di los nuevos estudios a mi ginecólogo y él decidió que tenía que realizarme un legrado para sacar la bolsa gestacional (si se quedaba en mi organismo traería consecuencias negativas para mi salud).

Después de eso me sentí sin rumbo, devastada. Era como si no pudiera existir felicidad absoluta, como si la vida no quisiera que fuera totalmente feliz. Luego empecé a sentir miedo de estar alegre, pues cuando lo estuve había perdido a mi bebé o lo que creí que era un bebé. A raíz de eso sufrí una terrible ansiedad (por la cual me sigo tratando), me frustré porque las cosas no salieron como yo las había planeado, por la pérdida de un bebé que no sé por qué razón se desintegró.

Entonces recurrí a una psicóloga para que me ayudara a afrontar lo que me estaba sucediendo y a controlar la ansiedad que no me dejaba vivir. Ella fue quien me recomendó con mi actual guía espiritual Virginie, una mujer tan linda, humana, sabia y angelical que su abrazo hace que sientas una inmensa paz. Con ella tomé un curso de reiki para poder autosanarme cuando siento que mis chakras se encuentran desalineados, así como para ayudar también a otras personas a equilibrarse.

Con el tiempo fui poco a poco superando esa pérdida, al comprender que el alma de mi bebé tenía una misión que ya había cumplido y por lo cual se marchó. Dos años y medio después mi hija me decía constantemente que quería «un hermanito de mi panza». Lo repetía tan entusiasmada que decidí intentar volverme a embarazar.

Lo logré por tercera ocasión: fue un embarazo que empecé con miedo por la amarga experiencia previa. Pasé bien las doce primeras semanas y en el ultrasonido estructural el diagnóstico de que el bebé se estaba formando con normalidad era alentador. Pero una semana después tuve un ligero sangrado. Acudí con el ginecólogo y me dijo que todo estaba en orden, que el sangrado provenía de una arteria que estaba en el otro extremo de la bolsa gestacional y no debía preocuparme.

Llegué a la semana dieciséis y me dieron el sexo de mi bebé: ¡un niño! Era un niño, el niño el cual iba a educar para que valorara a las mujeres, fuera honesto, cordial, amoroso, caballeroso, o sea, el hijo de mamá. Extendí la noticia a mis amigos y familiares y todos estaban muy contentos de que llegara un niño a la familia. Pero cerca de la semana diecisiete empecé a sangrar de nuevo. No sabía qué pasaba y mi ginecólogo me ordenó reposo absoluto.

Iba a hacer lo que fuera para que mi bebé estuviera bien. Mi mamá estuvo conmigo ayudándome en todo. Para tranquilizarme, me enseñó a tejer y comencé una cobija para él.

En la semana veinte tenía cita con la especialista para otro ultrasonido estructural. Ahí empezó mi pesadilla: en el ultrasonido se observaba que el bebé no tenía líquido amniótico y casi no se movía. Me dijo que debía estar activa y tomar muchos líquidos (tres litros de agua al día), dándome un plazo de dos semanas para regenerar el líquido amniótico. El ginecólogo sugirió esperar, pero yo seguía teniendo sangrados, así que ordenó estudios de laboratorio, los cuales arrojaron que tenía una infección.

El diagnóstico ya no era bueno: si seguían subiendo mis leucocitos (indicadores de infección), corría riesgo mi salud. Al saber eso sentí mucho miedo, pues no quería que me pasara nada, pero tampoco quería perder a mi bebé. Lloraba a diario por no saber qué pasaría y rezaba.

No comprendía por qué el sangrado seguía aumentando, pero le pedía a Dios que todo estuviera bien y en los siguientes análisis de laboratorio empezaron a disminuir los leucocitos, lo que significaba que la infección se había detenido. Por un momento sentí que Él me había escuchado y todo saldría bien.

Sin embargo, en el siguiente ultrasonido las cosas no fueron alentadoras: el bebé no tenía nada de líquido amniótico, sus riñones no funcionaban y sus pulmones no se habían desarrollado.

La especialista nos dijo que era un bebé no viable. Al ver en la imagen que no se movía y que su cabeza se estaba deformando por la falta de líquido, supe que él no estaba bien y que no lo estaría.

Nuevamente mi mundo se derrumbó: otro bebé que perdía; otro bebé que amaba, y no iba a tener en mis brazos; otro bebé al cual no iba a poder amamantar. Pero la mala noticia no paró ahí: también me dijeron que mi salud corría peligro mientras decidiera continuar con el embarazo.

Regresé a casa desolada, inconsolable, pues sabía que ya no había esperanzas de vida para mi bebé, pero también pensé en que no quería dejar a mi hija huérfana y que todavía tenía mucho por vivir.

Ese día hablé con mi bebé, le dije lo mucho que lo amaba y lo feliz que me había hecho, pero que lo dejaba ir. Iba a permitir que su alma se fuera con Dios a la vez que le pedía que no me llevara con él porque quería seguir viviendo para ver crecer a su hermana y hacerme viejita junto a su padre. Le rogué también a Dios que me dejara vivir porque aún me faltaba mucho.

Al poco tiempo empecé a tener dolores (de parto), pues mi cuerpo estaba expulsando ese cuerpecito. Los dolores de parto son lo más horrible del mundo, pero cuando se tienen para ver nacer a tu hijo, los toleras. En mi caso estaba pariendo a mi bebé muerto, estaba sufriendo dolores que sabía no me iban a dar el fruto de tener a mi bebé en brazos.

Llegué a urgencias implorando a Dios que ya terminara ese (doble) sufrimiento: los dolores físicos eran horribles (el sentir que tu cadera se separa poco a poco, que tu vientre se abre para dejar salir un cuerpo ajeno del tuyo), pero también estaba el dolor del alma al saber que mi bebé estaba terminando su ciclo, un ciclo que no era el estar conmigo, sino estar en manos de Dios.

A cada dolor que sentía repetía: «¡Dios, dame fuerzas!». Por momentos sentía que me desmayaba, pero pensaba en mi hija y en Dios y volvía a implorar su fortaleza y que terminara con ese sufrimiento. Entonces me subieron a quirófano. Le seguía pidiendo a Dios que me ayudara para no sufrir más, que no me abandonara y que quería vivir.

En ese momento un doctor que no había visto (el que asistió a mi ginecólogo) se acercó a mí. Vi sus ojos verdes hermosos y esos ojos me dieron una paz que no puedo explicar. Me tomó de la mano izquierda, la acarició y me dijo mirándome fijamente: «No te preocupes, todo estará bien». Fue ahí cuando entendí que Dios me estaba viendo, hablando y acariciando a través del doctor. En ese momento comprendí que Dios había estado conmigo todo el tiempo, que nunca me dejó y que nunca me abandonará.

Como les había dicho, Dios se nos manifiesta de diferentes formas, pero mi primer acercamiento más formal fue gracias a la autora Joyce Meyer. Por coincidencias de la vida, leí en Instagram un fragmento de uno de sus libros y me atrapó; era justo la lectura que necesitaba en ese momento. Busqué el libro en Internet y lo adquirí. Esa fue la decisión más acertada, porque gracias a esas lecturas estoy llevando en paz mi duelo por la pérdida de mi bebé. Sé que Dios intervino por mi salud y quizá me ahorró un sufrimiento mayor.

# CAPÍTULO VII

# QUÉDATE CONMIGO

Cuando estaba embarazada y me habían dicho que el bebé no tenía líquido amniótico fue devastador, porque por mi mente pasaban pensamientos negativos. Sin embargo, luchaba contra ellos y trataba de estar lo más positiva posible. Todas las mañanas, durante el reposo absoluto, acariciaba mi panza mientras me colocaba al sol y escuchaba a las aves cantar en el árbol de jacarandas que está frente a mi casa.

Le pedía a mi bebé que se moviera, que no fuera flojo. Nunca lo sentí moverse y eso me indicaba que algo no estaba bien. Le cantaba: «¡Quédate, cariño mío, quédate aquí, a mi ladito! Quédate, te necesito, quédate...». Era un fragmento de la canción de Luisa Fernanda del año 2010 o algo así, de mi época de juventud, pero conforme pasaban los días, pensaba y analizaba, con mi instinto de madre, que si algo no estaba bien en su desarrollo, no podía obligar a mi bebé a quedarse y vivir una vida sometido a hospitales, tratamientos o a depender de alguien para poder vivir. Esa no era la vida que yo esperaba para mi bebé. Decidí hablar con él y decirle que si quería quedarse es este plano terrenal debía echarle ganas y desarrollarse solo; porque la vida era hermosa y quería que la viera y la viviera, que sintiera el aire rozar su rostro, que conociera el mar, viera la luna, escuchara las aves, que corriera sobre el pasto, que probara las frutas y descubriera lo dulce de la vida; pero que si él no quería quedarse, que tomara la decisión. No porque yo lo había deseado tanto significaba que tenía que sufrir.

Fue ahí cuando comprendí que el amor también significa dejar ir; que el amor es desear plenitud al otro; que el amor también es evitar sufrimiento; que el amor es Dios.

Recientemente no he escuchado esa canción. No he querido volver a oírla a pesar de que me gustaba tanto, porque no quiero recordar esos momentos tan tristes. Pero Dios nos manda señales de que podemos darle otro sentido a los pensamientos, en este caso, a las letras de las canciones. En el *playlist* que escuchaba en mi oficina mientras trabajaba, de la nada salió la canción *Stand by me*, de Ben E. King, y comprendí que mi bebé se quedó conmigo. Él está conmigo al igual que Dios.

Dios está en cada uno de nosotros, así que no tenemos razones para tener miedo. Él siempre nos protege.

Lo curioso es que en ambas canciones la petición es la misma, quedarse, pero con un sentido diferente. Significa que no debemos enfocarnos en lo negativo de las circunstancias. Mi bebé sí se quedó en mí y Dios está en mí, así que ya no hay temor de nada.

«No temas porque Yo estaré contigo» (palabra de Dios).

# CAPÍTULO VIII

# ANSIEDAD

Cuando perdí a mi primer bebé (de mi segundo embarazo), no entendí bien qué pasó. Ya dije que clínicamente fue un embarazo anembriónico. Ese hecho fue muy fuerte para mí, pues había programado perfectamente que me embarazaría cuando mi hija tuviera dos años para que se llevara poco tiempo con su hermano o hermana. En esa época me sentía completa: tenía un trabajo que me gustaba mucho, una hija hermosa, me sentía plena con mi pareja... en pocas palabras, me sentía feliz y bendecida porque la vida me estaba dando todo lo que había soñado de niña.

En ese tiempo estaba cursando una especialidad en Derecho administrativo en mi casa de estudios, la UNAM, y me había programado (mentalmente) para embarazarme y escribir mi tesis durante la gestación. Entonces compré una prueba que indica el día de fertilidad para poder concebir un bebé y seguí las instrucciones. Al poco tiempo, quedé embarazada —así indicaban los estudios de laboratorio y el primer ultrasonido que me hice a las seis semanas—. El ginecólogo lo confirmó, me dio una segunda cita para mes y medio después y ordenó los estudios de laboratorio y ultrasonido. Estaba contenta porque lo que había planeado se estaba volviendo realidad, además de que no sentía náuseas ni vómitos. No podía pedir más. Le comenté a mi familia la gran bendición que tenía y la felicidad fue compartida.

Acercándose la fecha de la siguiente consulta (es decir, a las nueve semanas), acudí a un laboratorio por el ultrasonido requerido. Ahí empezó mi primer sufrimiento, pues me explicaron que no había nada, que se observaba un saco gestacional, pero que no había producto. No entendía, así que comencé a llorar y a llamar a mi ginecólogo para informarle. Él pidió esperar otras dos semanas antes de dar un diagnóstico. La incertidumbre no me dejaba descansar, así que acudí con otro ginecólogo, especialista en embriología, quien confirmó que no había producto. Con casi doce semanas tuvieron que hacerme un legrado porque corría el riesgo de tener una infección. Ese día estuve en *shock*.

Luego de dos días fui a trabajar, como si nada hubiera pasado, tratando de dar vuelta a la hoja y seguir adelante, pero con el dolor de que no tendría a mi bebé y con los pensamientos sobre por qué no lo tuve.

Me preguntaba: «¿Por qué no fui mamá de nuevo? ¿Acaso soy mala madre? ¿Pasará algo malo?». Poco a poco, la ansiedad se fue apoderando de mí. Primero tuve miedo a la felicidad, porque pensaba que si me sentía feliz ocurriría otra desgracia, así que opté por no alegrarme para no atraer la mala suerte. Pero las cosas se agravaron cuando mis peores miedos se empezaron a apoderar de mis pensamientos: mi temor a la muerte se había vuelto más fuerte que nunca y me dieron ataques de pánico. Son pensamientos irreales pero que yo creía que se volverían realidad, pensamientos de acontecimientos futuros inventados por mí y que atentaban contra mi estabilidad. En ese momento decidí buscar ayuda psicológica. Pensaba que estaba loca y que me tenían que internar en un manicomio porque sería un peligro para mi familia y para mí misma.

La gente que sufre ansiedad sabe de lo que estoy hablando. Créanme: no es nada agradable y deseo que nunca les suceda.

Las terapias me ayudaron mucho, al igual que el ejercicio, pero necesitaba algo más para sentirme mejor. Ahí fue cuando conocí a mi guía espiritual Virginie, esa mujer dulce como un pan, que sin conocerme me cobijó y arropó como una madre y me brindó su apoyo. Con ella pude acercarme a mi lado espiritual y a entender el valor de las energías en nuestro cuerpo y vida.

La ansiedad es un monstruo que se apodera de la mente y mientras más importancia se le da, más fuerte se vuelve, pero hay que entender que la ansiedad, en parámetros menores, es normal en cada ser humano. Solo cuando interfiere con nuestras actividades diarias y nos causa pánico es cuando se sale de control.

Hay que reconocer que el entorno en el cual vivimos fomenta la ansiedad: las informaciones que se ven en redes sociales, noticieros, etc., nos generan miedo y angustia.

A pesar de ello, la ansiedad tiene solución y se puede controlar si confiamos en que Dios está con nosotros y no permitirá que esos pensamientos nos acaben. Es de humanos reconocer que no estamos bien. Pedir ayuda es también una señal de Dios para sanar lo que por dentro nos consume.

Después de adentrarlos en lo que fue mi ansiedad, les diré que luego opté por ocultar mi felicidad. Me enfoqué en la espiritualidad y en entender mi miedo a la muerte. Entonces me aconsejaron que hiciera una constelación. Para quien no sabe lo que es (yo tampoco lo sabía), se trata de una medida terapéutica de trabajo emocional por medio de la empatía; es decir, se recrean los escenarios de las personas que quieren «sanar» su emoción, pero estas no son partícipes en ellos, sino que se vuelven espectadores. Con la ayuda de una psicóloga y la guía espiritual, estos asistentes van orientando la recreación para poder entender qué es lo que obstruye la sanación de la persona.

Ya sé que se escucha confuso y lo es. Tendrían que experimentarlo para entenderlo bien, pero lo importante es que sí funciona. Por ese medio entendí que mi miedo a la muerte no era propiamente mío, sino que fue heredado por parte de mi abuela materna. No es descabellado ya que científicamente se ha comprobado que los temores se heredan.

Ahora que analizo esto me doy cuenta de que Dios está en cada paso que damos. Él nos quiere evitar un sufrimiento mayor y solamente debemos estar atentos a sus señales y llamados.

También entendí que yo forcé todo al querer que las cosas sucedieran tal y como las había planeado, cuando el único creador es Dios. Yo me sentía con poder de crear y la bofetada fue dura. Comprendí que sus tiempos son perfectos y que Él decidirá el cómo y el cuándo, no yo.

# CAPÍTULO IX

# LA CULPA

No se sabe cuántas mujeres en el mundo han perdido un hijo en la etapa gestacional, pero sí se sabe que es más común de lo que se pensaba; sin embargo, nadie, absolutamente nadie, quiere ser parte de esta estadística.

En mi caso ha sido en dos ocasiones, como ya mencioné. El primero fue en el primer trimestre de la gestación, pero el segundo fue en el segundo trimestre y ha sido de los momentos más duros que me ha tocado vivir. Recuerdo perfectamente los ultrasonidos. En el de la semana doce observé su nariz, sus extremidades, su corazón latiendo, moviéndose como loquito, pataleando, nadando en mi vientre, como sabiendo que dentro de mí no le pasaría nada, que yo lo protegería a capa y espada de todo; y sí, así sería.

Ese estudio dio como resultado que no había ninguna malformación cromosómica. Se le veía la nariz chatita (como la mía y de seguro en todo se iba a parecer a mí). Mientras observaba el ultrasonido, trataba de adivinar si sería niño o niña, pero yo presentía que sería niño.

Pensaba educarlo de manera que fuera todo un caballero, gentil con las personas, que respetara a todo ser humano y viviente en este planeta. Seguramente hubiera amado los deportes extremos; así que como mamá tendría que haber aprendido a andar en patineta, patines, motocicleta y hasta me hubiera atrevido a aventarme en un paracaídas, solo porque mi hijo me lo habría pedido. También llegué a imaginar irme de viaje con él y que estuviera orgulloso de presumirme con sus amigos en la escuela por tener una mamá fuera de serie.

No tenía experiencia con niños, pues primero tuve una princesa; así que actualizarme en ropa, caricaturas y juguetes de varón hubiera sido una de mis principales actividades.

En la semana dieciséis, tuve la cita del ultrasonido donde supe el sexo del bebé. Era confirmar lo que mi corazón ya me había dicho. Así que mis planes para actualizarme en cómo ser mamá de un niño empezaron de inmediato: busqué en internet ropita masculina y juguetes y dónde tomar clases de patinaje y patineta. Pero el gusto me duró poco: en el otro ultrasonido estructural de la semana veinte la felicidad se borró y apareció la angustia. La falta de líquido amniótico era una mala señal. Me indicaron reposo absoluto e ingerir gran cantidad de agua y suero, así que como toda mamá aplicada (¡qué no haría una madre por sus hijos!) seguí las instrucciones al pie de la letra. No importaba nada más, haría lo que tuviera que hacer por él.

Pasaron otras dos semanas donde todo empeoró: el bebé no tenía ni gota de líquido, yo sangraba demasiado y los resultados de mis estudios de laboratorio no eran buenos.

Esa imagen del ultrasonido difícilmente la voy a olvidar. No podía aceptar que mi bebé sufriera, mucho menos dentro de mi vientre. Se supone que lo iba a proteger de todo, pero en esta ocasión no sabía cómo hacerlo. No entendía cómo podía estarla pasando tan mal dentro de mí. Quería explicarle que no era yo quien le propiciaba ese sufrimiento y que solo quería cuidarlo.

En ese último ultrasonido lo vi como con una bolsa de plástico pegada a su cuerpecito. De hecho, estaba dobladito y tenía sus pies tan pequeños pegados a su carita, lo que le impedía moverse; su cabecita se empezaba a deformar por la falta de espacio. Fue en ese momento tan crudo cuando supe que eso era injusto y no quería esa vida dentro de mi vientre para él.

Le pregunté a la doctora si habría la posibilidad de que tuviera otra vez líquido amniótico. Ella me respondió: «¿Que ocurra un milagro? Si es que ocurriera, al bebé no se le están desarrollando los pulmones por la falta de líquido y sus riñones no responden. Si ese bebé siguiera en tu vientre, sería un bebé no viable».

Sentí que a mi corazón lo apretaban hasta volverlo papilla, que mis ojos me ardían de las lágrimas de sangre que me brotaban y que mi mundo se caía en mil pedazos; pero también en ese momento me di cuenta de que él no la estaba pasando bien y que la vida que se supone tendría en mi vientre no era la que esperaba.

Salí del consultorio devastada, con ganas de correr hacia la nada, implorando al cielo un milagro, que todo fuera una pesadilla y que al otro día despertara y mi bebé estuviera bien, pero no fue así.

Un jueves de febrero tuve que dejar ir el alma y cuerpo de mi bebé, agradeciendo su existencia en mi vida y mi oportunidad de seguir viviendo.

Sin embargo, las dudas surgieron en mí como vapor: «¿Qué pasó? ¿Fui yo? ¿Hay algo mal en mí? ¿Tendré una enfermedad? ¿La vida no quiere que tenga otro hijo? ¿Estoy pagando algún karma?».

Esas preguntas internas se mezclaron con los comentarios que gente cercana, sin querer (quiero suponer), hacían respecto al tema: «¡Todo pasa por algo!». «¡El cuerpo es sabio!». «¡Debes hacerte estudios!». «¿No cargaste mucho peso?». «¡Su alma cumplió su misión!». «¡Eres joven, te puedes volver a embarazar!». «¡Qué bueno que fue ahorita y no cuando lo hubieras conocido!».

Todos esos comentarios no me servían, no me hacían sentir mejor, para mí eran basura. Solo quería que me abrazaran fuerte y me consolaran limpiando mis lágrimas. Eso era más que suficiente, bastante tenía ya con sentirme culpable de que mi cuerpo no hubiera sabido cuidarlo y protegerlo.

Así pasaron días, pero mi dolor no se calmaba. La verdad no se calmará, porque pasarán días, meses, años y décadas y seguiré recordando a mi bebé.

¿Culpa? No, no fue culpa de nadie y mucho menos mía. ¿Por qué pasó? Tampoco lo sé, solo que así ocurrió. ¿Es algo que nunca comprenderé? Seguramente, pero lo que sí sé es que su paso dejó una huella imborrable en mi mente y mi corazón. Soy otra persona después de él. Ahora a cada momento deseo abrazar a mi gente, decirles cuánto los amo aunque se aburran de escucharme. Quiero respirar el aire libre, oler la tierra mojada y mirar la lluvia, disfrutar de una buena taza de té, correr en el parque y ver a mi hija crecer. Eso me dejó mi hijo, ese deseo inmenso de disfrutar a cada segundo de la vida.

¿Haré lo que pensaba hacer si él estuviera? Claro que sí, aprenderé a patinar, andar en moto y en patineta, porque sé que él está en mí, quizá no físicamente, pero su alma y su esencia sí se quedaron.

Quizá haya una explicación científica o espiritual de por qué los bebés en la etapa gestacional tienen que marcharse antes de nacer, pero eso no cambia el sentimiento y la huella que dejan en su madre. Nos podrán dar mil y una razones para aceptar que no hayan nacido, y ninguna mitigará el sufrimiento. Únicamente el aferrarse a ellos mismos y honrar su vida dentro de nosotros es lo que nos hace fuertes y nos permite seguir adelante.

# CAPÍTULO X

# EL «HUBIERA» NO EXISTE

En la actualidad, hay un gran avance respecto a la tecnología, las ciencias y la educación; asimismo, se han creado un sinfín de religiones, creencias, adoraciones, etc., pero a pesar de ese crecimiento, existen acontecimientos naturales inexplicables: gente que muere sin razón aparente, enfermedades raras e incurables, bebés a los que les deja de latir su corazón, no se desarrollan bien o se enredan con el cordón umbilical. Como mujer embarazada hubiese soñado tener en mi casa un equipo de ultrasonido, para monitorear a mi bebé cada instante, y hasta un ginecólogo para que actuara de inmediato en caso de detectar una complicación. En fin, habría querido muchas cosas que previnieran el desenlace tan triste que tuve que pasar.

Pero no se puede modificar el pasado ni tampoco estar preparado para todo. Si supiéramos qué va a pasar el día de mañana, la vida dejaría de tener sentido y hasta sería un poco tediosa. Debemos afrontarla con entereza, con la certeza de que el sufrimiento vivido nos hará más fuertes, nos hará valorar las experiencias cotidianas, que nuestro paso por este plano terrenal tiene una razón poderosa y que nos vuelve especiales tener un ángel personal.

Sé que no soy la primera y desgraciadamente no seré la última que pierda un bebé en la etapa gestacional, pero debemos grabarnos en nuestra mente y corazón que es muy cierto que los hijos son prestados, ya sea para que vivan su vida de una manera independiente o porque tuvieron que partir antes de este plano terrenal. Así que debemos apapacharlos, amarlos, protegerlos y guiarlos a cada momento, decirles hasta el cansancio cuánto los amamos.

En mi caso, ya tengo una hija maravillosa y debo vivir para ella, ser un ejemplo de fortaleza y amor. Deseo que el día de mañana pueda decir con orgullo: «¡Ella es mi madre y me gustaría ser como ella!». No quiero llegar a viejita lamentándome por no haber hecho esto o aquello. Intento vivir plenamente y voy a aprovechar al máximo la oportunidad que me dio Dios de estar en este plano terrenal, con sus mieles y sinsabores.

Cada ser humano vive y pasa por situaciones difíciles y cada caso es particular, pero ninguno debe dejarse vencer. Habrá días buenos y otros no tanto, pero eso no significa que bajemos la guardia. Cada quien vive su duelo y su sufrimiento de manera diferente, pero no hay abrazo que no ayude a mitigar el dolor.

Si se tiene que llorar, se vale llorar, si se tiene que gritar, se vale gritar; pero no te des por vencida, mujer. ¡Vive! Honra la vida de quien tuviste en tu vientre, pero sobre todo honra la tuya, que el estar aquí ya es una bendición.

# CAPÍTULO XI

# CAMINO A LA SANACIÓN

Quien ha pasado por una pérdida sabe que lo que conlleva es muy doloroso: no solo es perder al bebé; también vienen los trámites funerarios y el papeleo administrativo para la entrega de su cuerpecito. Decidir qué hacer entonces es una cuestión que ningún padre pensó al momento de concebirlo. Como se dice, no es natural que un padre entierre a su hijo. Está muy arraigada en nosotros la ley de la vida de nacer, crecer, reproducirse y morir. La alteración de ese orden parte a cualquiera en mil pedazos.

No quise enterrar a mi bebé. Lo imaginaba encerrado, apretado, sin aire, como si lo condenara a morir para siempre en mi vientre sin líquido amniótico, así que junto con su padre tomé la decisión de incinerarlo. Ello con la promesa de que cuando pasara la cuarentena (pues había tenido un parto después de todo), subiríamos al Ajusco (la montaña más alta de la Ciudad de México) para poder esparcir sus cenizas y dejarlo ser libre.

Como ya he comentado, Dios siempre ha estado conmigo, pero aprendí a sentirlo desde el momento en que lo vi, escuché y sentí en el momento del parto, hasta cuando dejé las cenizas de mi bebé.

El Ajusco está a los pies de la Ciudad de México. Se subir en coche o caminando, pero para llegar a la punta solamente se puede llegar escalando. La montaña está rodeada de un gran bosque, cuyo olor a pino y encino purifica los pulmones. La vista de sus alrededores es impresionante: por un lado el verde es fuerte y solo se observan las copas de los árboles; por el otro, se aprecian las nubes blancas y frondosas y, a lo lejos, la enorme ciudad.

No hubo mejor decisión: era el lugar perfecto para que su cuerpo hecho cenizas disfrutara; además, desde cualquier parte de la ciudad se puede observar el Ajusco; así que no habría día y momento sin que pudiera sentir y ver a mi bebé.

Sabía que ese día iba a ser fuerte, pero a la vez liberador. Hicimos parte del trayecto en coche para no agotarnos por completo y el último tramo lo subimos a pie. Cuando llegamos estaba nublado y hacía mucho frío, pero conforme escalábamos empezamos a sentir calor. En el punto en que se podía mirar hacia abajo las nubes y las copas de los árboles, encontramos una roca grande que se adueñaba del lugar. Ahí dejamos sus cenizas (que eran poquitas).

Tuve la necesidad de despedirme de él, aunque ya lo había hecho con el alma. Dejar ahí sus cenizas era como cerrar ese episodio doloroso y continuar con mi vida. En ese momento pasó algo hermoso: un rayo de sol entró iluminando la roca y a mí; es decir, el cielo nublado se abrió para mí y supe perfectamente que Dios y mi bebé me daban una señal de que él estaba bien donde se encontrara, que no tenía nada que temer y que de ahí en adelante solo ocurrirían cosas buenas en mi vida. Supe que estaba siendo bendecida.

Desde el momento en que dejé que Dios entrara en mi corazón, lo he sentido más cerca que nunca. Ahora entiendo que siempre lo ha estado, solo que no podía sentirlo o me negaba a ello.

Es sabido que el momento del parto pone en peligro la vida de la madre y del bebé, por lo que cada parto bien logrado se considera un milagro de la naturaleza. Por eso, tú, madre de un bebé que se tuvo que marchar antes de nacer, debes valorar el hecho de seguir en este plano terrenal, debes creer y aceptar que no fue culpa de nadie y que si estás aquí es porque Dios tiene preparadas cosas maravillosas para ti. ¿Cuándo? No lo sé, pero hay que tener fe en que ese momento llegará cuando menos lo esperes.

Debes aceptar que también es válido pedir ayuda. A pesar de nuestra voluntad de salir adelante, en ocasiones no es suficiente. En mi caso la ayuda psicológica y mi acercamiento con Dios me han vuelto un poco más resiliente.

Mi camino por recorrer es largo, pero no llevo prisa. Poco a poco el dolor se irá desvaneciendo y surgirá un recuerdo de amor. Sé claramente que nunca olvidaré esta pérdida y que mi amor por él no se borrará, solo se transmutará y se encarnará en mí, lo que me hará más fuerte.

Puede pasar que te sientas incomprendida, que cuando quieras expresar tu sentir a alguien cercano no obtengas la respuesta que esperas; en ocasiones, hasta evadirán el tema para no escucharte. Pero no hay que sentirse mal por ello: al ser un tema tan delicado y que efectivamente nadie que no lo haya vivido puede entender, es normal que se alejen o den opiniones sin sentido que hasta nos hagan enojar. Se trata de un mecanismo de defensa.

A ellos podemos decirles que los amamos, pero no queremos respuesta, solo ser escuchadas y tener fe en alguien superior para poder mitigar nuestro dolor. Su sola compañía nos es suficiente y el sentirlos cerca apoyando en silencio nos ayudará mucho.

También sé que tenemos muchas preguntas sin respuesta y que nuestra curiosidad nos hará investigar si alguien sufrió o vivió un caso similar. Mi consejo es que no lo hagas: no investigues, no indagues, porque cada situación es distinta. Tu sentir no es lo mismo de otra mamá y solo te hundirás más en la duda y tratarás de buscar culpables.

Mejor busca ayuda, acércate a lo que quieras creer, escribe tu sentir cada vez que estés enojada o triste y habla con tu bebé porque él o ella te escucha desde donde está. Pídele fuerzas y aférrate a este plano terrenal.

No tengas miedo a las terapias: la salud emocional ha sido por muchos años un tema intocable en la sociedad, ya que el simple hecho de contemplar ir con un psicólogo, psiquiatra o psicoanalista lleva a las personas a creer que están «locas». La salud mental es tan importante como la física y podemos buscar las herramientas que necesitemos para superar esos momentos tan dolorosos que desestabilizarían a cualquiera.

No minimices tu pena: tú sabes cuánto te duele y también cómo sanar. Permítete sentir, no reprimas tus emociones, porque cada lágrima contenida es una tormenta en el futuro.

Dios nos manda muchas señales, pero a veces no escuchamos ni vemos lo que nos manda y nos tiene que enseñar con parábolas, así como Jesús enseñó a sus discípulos.

Si necesitamos sanar espiritualmente, Él nos guiará a hacerlo.

# CAPÍTULO XII
# DIOS

¿Quién es Dios? ¿Qué es Dios? ¿Por qué debo creer en Él? Esas preguntas me surgieron de adulta, cuando tuve la necesidad de aferrarme a creer en algo o alguien que me ayudara a sanar.

De niña se me crio con la ideología católica basada en el Padre, el Hijo y el Espíritu Santo, y también la virgen de Guadalupe. Fui bautizada, hice mi primera comunión y la confirmación, pero hasta ahí. Puedo decir que no me inculcaron la fe de manera tan arraigada. No acudíamos a misa los domingos, pero sí rezábamos antes de ir a dormir y dábamos gracias a Dios por tener alimentos en la casa.

Quizá lo que sí tenía presente era que, de portarme mal, Dios me castigaría. Por supuesto, también le tenía miedo al diablo, por lo que hacerle daño a alguien o desearle siquiera el mal no estaba contemplado en mi cabeza (ni entonces ni ahora).

De niña pensaba que Dios era como los Reyes Magos: me estaba viendo desde el cielo y si me portaba bien, me daría algo, pero si me portaba mal, no me traería nada.

En ocasiones, eso era muy confuso para una niña. La llegada de los Reyes Magos era y es el día más importante para los pequeños, quienes con ilusión escriben sus cartas con las peticiones materiales o deseos, confiando en que serán cumplidos. Si se han portado bien todo el año, esperan que la promesa del regalo se cumpla al pie de la letra.

Sin embargo, ya he contado que de niña mi familia apenas tenía lo necesario para vivir: un techo, alimentos y nosotros mismos; por lo que mis listas de deseos a los Reyes Magos eran muy largas y nunca fueron cumplidas literalmente. Si pedía una Barbie, me traían una muñeca de trapo; solicitaba patines, y me daban un juego de té; quería mi máquina de raspados Fiesta de Sabor (hasta recuerdo perfectamente el anuncio), pero me llegaba una caja de pinturas de plástico.

Salía a jugar y presumir mis regalos de los Reyes aunque no entendía por qué no me traían mis peticiones si yo me había portado bien. Entonces empezaba a recordar el día o la ocasión en que le contesté feo a mi mamá o no la obedecí y si eso era el motivo de que no me los hubieran traído. Después miraba a mis vecinos con muchos juguetes y pensaba que había visto a esos niños haciendo maldades, contestándoles feo a sus papás y de algunos sabía que no iban bien en la escuela. Me preguntaba por qué a ellos sí y a mí no. Aun así, nunca perdí la fe de que algún día me traerían lo que les pedía.

Cuando tenía doce años les pedí a los Reyes Magos una bicicleta. Pensaba que por los antecedentes anteriores no la obtendría, pero no dudé en pedirla. Al despertar de la noche de Reyes, ¡oh, sorpresa!, ¡ahí estaba bajo el árbol una bicicleta roja y hermosa! Sin duda era mía, porque a mis hermanos ya no les llevaban nada. Recuerdo mi felicidad y también el no dudar de que fuera mía. Estaba segura de que la había merecido y que tarde o temprano me cumplirían una de mis peticiones.

Así es Dios ahora para mí, es ese ser superior que siempre está conmigo, a quien le hablo y le pido día con día, ese ser en quien tengo mucha fe de que algún día me dará lo que le pida. No hablo de esperar con exactitud, los millones de dólares ni la casa con la alberca, sino de tener la fe y la seguridad de que Dios me dará esa felicidad que siempre he deseado.

Quizá los Reyes Magos no me daban exactamente lo que pedía, pero nunca me dejaron sin regalo, y siempre los agradecí y disfruté. Ellos forjaron mi fe de que algún día sería recompensada.

Para mí así es Dios: sé que Él me recompensará.

Quizá no fui formada en la religión católica con la devoción y profundidad que la ejercen otros creyentes, pero sí tenía fe en Dios, pero en un Dios que castiga. Si no se cumplen sus mandamientos se está viviendo en pecado, si se desobedecen sus reglas caerán sobre uno las desgracias.

Por eso pienso que cuando las situaciones de la vida no van como la planeamos, dudamos de si nuestro actuar fue bueno o malo y tratamos de hacer retrospectiva hacia el día y hora en que pudimos haber maldecido a alguien a causa de un gran enojo, o cuando miramos con lujuria a otra persona que no era nuestra pareja, o cuando quisimos ser alguien más... Son un sinfín de pensamientos que van en contra de las escrituras bíblicas y que pudieron haber sido la causa de que en la vida haya malos momentos.

Hasta había llegado a pensar que, como sus descendientes, todavía estamos pagando el «karma» de Eva por haber desobedecido a Dios y comido de la fruta prohibida.

Pero ahora sé que no es así: Dios no castiga y tampoco juzga. Él nos guía y haría lo que fuera para evitarnos sufrimiento, pero también debe dejar que nosotros mismos forjemos nuestro camino. Al haber dado a Adán y a Eva el libre albedrío de decidir qué «comer o no comer», nos ha dado una vida llena de decisiones. Podemos tomar algunas buenas, otras no tanto y otras peores, pero cada una conlleva un aprendizaje o un objetivo. Quizá el mío fue acercarme más a Él y aprender a atesorar lo que tengo.

Alguien me dijo: «Está bien que leas la Biblia y quieras comprender los designios de Dios, pero recuerda que la Biblia ha pasado por miles de humanos que han interpretado su palabra. Es mejor que tú te forjes tus propias creencias». Y eso es lo que he hecho.

Dios se siente, se respira, se observa, se camina. Es todo y está en todo. ¿Cómo lo sé? Porque cuando me despierto, al abrir mis ojos, estirarme y sentir mis piernas, brazos, dedos, cabeza; al escuchar las aves en los árboles anunciando la mañana; al voltear y ver a la gente que amo cerca; al levantarme y sentir la tierra llena de vida; al percibir ese olor de hogar, ¡de mi hogar!, es en esos momentos cuando sé con total convencimiento que Dios existe y me ama, porque yo soy Él y Él soy yo.

Dios es muy controversial, pero no por Él mismo, sino por lo que genera en el ser humano. Las nuevas generaciones no piensan siquiera en inculcar a sus hijos alguna creencia, se les está empujando a ser seres superficiales que creen solo en lo que se pueda ver, tocar u oler. Están dejando a un lado la parte espiritual, esa parte que de adulto te exige ser tomada en cuenta.

Cuesta trabajo creer en alguien que nunca se ha visto, nunca se ha escuchado y mucho menos tocado, pero sí se cree en el wifi: ¡así de irónico es el pensamiento humano! En mi experiencia y en esta búsqueda de sanación he llegado a la conclusión de que no solo creo que existe Dios, sino que me habla, toca y lo puedo ver.

He contado de mi experiencia en el quirófano. Estoy convencida de que lo hace por distintos medios y a través de otros seres vivos, solo que a veces nos cegamos. Estamos tan ensimismados en las cosas materiales, trabajo, dinero... que pasamos de largo ante la belleza de la vida. Tengo la certeza de que Dios está en todos lados, nos escucha y a su manera busca la forma de comunicarse con nosotros, a través de ángeles, personas, señales, lecturas... Solo debemos tener la mente abierta para permitirnos escucharlo.

Pienso que sería muy absurdo y un poco aburrido que solo fuéramos materia y que nuestro paso por la vida se limitara a nacer, crecer, reproducirse y morir. Fuimos creados para más, somos más que un cuerpo, tenemos una energía, un alma y una sabiduría ancestral. Nuestros antepasados se valían de medios para que su conciencia viajara y tuviera un encuentro con sus dioses, por ejemplo, a través del consumo de hongos y demás plantas alucinógenas.

Esta flora especial generaba una cantidad de psilocibina que distorsionaba su percepción de la realidad y los llevaba a escuchar y ver imágenes que parecían reales, tener una percepción equivocada del tiempo y no poder discernir la fantasía de la realidad. Con ello no estoy sugiriendo que se consuman esas sustancias, sino explicando que nuestros ancestros buscaban conectarse con seres superiores en busca de respuestas y ayuda.

No todos eran los elegidos para ese contacto «divino». Un número selecto de individuos era el que podía tener esa plática y encuentro, que establecía los pilares para el crecimiento de diversas culturas y civilizaciones.

Ahora bien, en la actualidad el ser humano está carente de respuestas, por diversos sucesos y acontecimientos a los que la vida lo enfrenta. Por eso siente la necesidad de acercarse a las cuestiones divinas; de entre ellas sobresale Dios.

Recientemente, en la búsqueda de mis propias respuestas no encontré argumento científico alguno que me hiciera dudar sobre la existencia de ese Ser, de Él, de Dios; pero aunque lo hubiese encontrado, no dejaría de creer, pues han sido más fuertes las pruebas que Él me ha dado. Lo he visto, sentido y escuchado.

Mi intención no es inculcar una creencia. Cada persona es diferente así como las pruebas que la vida le otorga, pero estoy segura de que ante situaciones que no tienen explicación y son demasiado dolorosas, está la necesidad de recurrir al «yo» espiritual, al «yo» fuerte, a un «yo» que incluso uno mismo desconocía. Ese «yo» va acompañado de la fe, que es la que nos mantiene de pie.

Ante esas situaciones impredecibles, no dudes en seguir tu corazón. Pero ¿cómo saber cuál es la guía de tu corazón? Fácil: cierra los ojos y visualiza qué es lo que quieres y qué necesitas. Aleja de tu mente la primera capa de conciencia, esa que se enfoca en lo material y superfluo de la vida, y ve a lo más profundo. Irás retrocediendo en el tiempo, quitando de tu mente los problemas, el estrés, los miedos, y viajarás más y más adentro de ti. Llegarás al momento cuando eras un bebé, cuando tu mente no tenía ninguna preocupación, cuando sentías el amor y la protección de la madre. En ese instante había paz en el alma, nada te afligía y todo era felicidad. Busca eso: la paz interior del alma.

¿Qué es lo que genera esa paz interior? El sentirse protegido, como la protección de una madre a su hijo. Entonces, acércate a lo que te proteja, llámese religión u otra creencia, y aférrate, porque es lo que te sacará a flote.

Para mí ha sido Dios el que me protege porque siempre está conmigo, porque Él soy yo.

Si lo que crees te hace feliz y te da paz, ¡entonces es lo correcto!

# CAPÍTULO XIII

# FALSOS GUÍAS

Es muy común que durante la búsqueda de sanación se recurra a consejos de personas que han pasado por situaciones similares o peores a las de uno; sin embargo, lo que les ha funcionado a otros no significa que tendrá los mismos resultados en uno. Eso también lo aprendí en este proceso.

Recién realizado mi primer legrado, me recomendaron una maestra de reiki para que me ayudara a «sanar» y «entender» las situaciones de la vida, además de equilibrar mi energía, que evidentemente estaba muy desequilibrada.

Acudí a ella con la ferviente convicción de que saldría renovada y con una perspectiva hermosa de la vida; sin embargo, fue todo lo contrario. Me recibió muy amablemente y, estando a solas en su sala de espera, me preguntó por qué estaba ahí. Le conté que había tenido un embarazo anembriónico, pero que me surgía la duda, porque yo había visto el corazón latir en el primer ultrasonido y no entendía por qué no había bebé si yo lo deseaba tanto.

Entonces de una manera tajante me dijo: «¿Estás segura de que lo querías?», a lo cual respondí afirmativamente. Entonces agregó: «¿Y tu pareja quería otro bebé?». Le aseguré que sí. Insistió: «¿Estás segura?». Entonces me cuestionó sobre nuestros trabajos (el mío y de mi pareja) y ahí fue cuando me dijo: «¡Por eso! Por eso no se logró el bebé: tú y tu pareja no tienen tiempo para él. Todo el día trabajan, ¿en qué momento lo iban a cuidar o atender? Eso lo sintió el bebé y por eso se fue. En el fondo no querías ser mamá de nuevo o tu pareja no quería ser papá de nuevo y todo eso lo sintió el bebé y por eso decidió irse. Y también, por lo que me cuentas de que los dos trabajan mucho es que no quieren estar uno con el otro. Significa que en el fondo no quieren estar juntos».

¿¡Qué!?¿Que fue mi culpa? ¿Entonces su padre o yo provocamos la situación? Es decir, ¿que lo que yo pensé que quería en el fondo no lo quería y por eso no se formó el producto? ¡Madres, salí de esa sesión devastada! No solo sentía el dolor del alma, sino que era mi culpa o de mi pareja y luego esta mujer me había sembrado la duda de que en realidad mi pareja y yo no éramos felices y no queríamos seguir juntos.

En vez de salir renovada y sintiéndome mejor, estaba peor. Incluso llegué a culpar a mi pareja porque era evidente que yo sí quería al bebé, pero si como dijo la reikista uno de los dos no lo quería y por eso se marchó, ¡entonces el culpable debía ser él! Obviamente lo confronté porque mi tristeza se había transformado en enojo, pero un enojo sin fundamento, basado en suposiciones de una señora que creía saber la verdad y que sin importarle la situación emocional de quienes recurren a ella, siembra dudas, intrigas y mentiras. Alguien que podía haber provocado una desgracia en otra persona con menor valor por sí misma o con un grado de depresión alto.

El enojo desapareció porque yo sabía que no era verdad. Me había dejado influenciar por quien creía que me ayudaría y guiaría. Fue la primera y última sesión con ella.

Un guía en efecto debe decirte verdades, pero no suposiciones. Debe acompañarte en tu dolor y ayudarte a comprender para sanar. Un guía escucha, pero no recrimina; no juzga, te enseña, te apoya, pero sobre todo deja que creas en lo que realmente te dé paz; nunca debe intentar inculcarte sus creencias.

Una persona siente cuando realmente alguien le ayuda o si la está confundiendo más. Es válido seguir buscando hasta encontrar una sensación de tranquilidad. En las redes sociales existen páginas de personas que brindan apoyo emocional, espiritual y hasta hay quienes aseguran quitar la ansiedad y depresión de raíz, pero no hay que dejarse engañar: la sanación no es rápida ni llega de la nada. Se trabaja y se siente.

Tampoco te desanimes: ella llegará.

Es válido buscar un apoyo, pero no hay que creer todo. Cada persona debe forjar su propia ideología. La mía es Dios.

# CAPÍTULO XIV

# CÓMO SER UN BUEN ACOMPAÑANTE

Cuántas veces acuden a nosotros amigos, familiares o conocidos para desahogarse y tal vez uno ha recurrido a ellos para hacer lo mismo. Siempre se buscan dos cosas: ser escuchado y en ocasiones recibir consejos. Este último debe ser pedido antes de ser dado.

Cuando se enfrenta una situación de pérdida, el dolor es muy profundo y no existen palabras que calmen o tranquilicen el sufrimiento, por lo que hay que evitar decir palabras o frases de ánimo. Nada hará que una persona se sienta mejor; al contrario, provoca enojo. ¿Cómo una persona que no ha pasado por nuestra situación puede decirnos que todo pasa por algo o que Dios pone las pruebas fuertes a quienes las pueden superar? ¿Significa que quienes no han sufrido pérdidas son débiles? Y si todo pasa por algo, ¿por qué a mí y no a los delincuentes, asesinos o violadores? Esas preguntas quizá tendrán respuesta con el tiempo, pero créanme que son las últimas que alguien que está sufriendo desde lo más profundo de su corazón quiere escuchar, porque no tendrán sentido en ese momento.

Lo que sugiero que se haga es estar ahí, al pendiente. Cuando perdí a mi bebé no quería hablar con nadie, mucho menos ver gente. Quería estar sola con mi familia. Recibí mensajes de personas que sé que me quieren y que estuvieron conmigo orando para mí y mi bebé. Atinadamente, no decían nada, solo estarían presentes cuando yo estuviera preparada para salir al mundo de nuevo y así fue.

Durante mi agonía previa a la pérdida, me invadió el miedo ante el aviso médico de que mi vida corría peligro, pues existía el riesgo de que la infección que los estudios de laboratorio arrojaban se extendiera a los demás órganos de mi cuerpo y provocara una hemorragia. Entre más tiempo pasaba, mayor era el peligro de que muriera. En ese momento el miedo lo sentía en el estómago, en la garganta y una fuerte roca oprimía mi pecho. Yo no quería dejar este plano terrenal, no ahora cuando quiero ver a mi hija crecer y tener hijos, y volverme viejita junto a mi pareja. No podía quitar de mi cerebro la idea de que mis días estuvieran contados. Llegué a pensar en darle a una amiga cercana los datos de mis cuentas, bienes y seguros, para que pudiera apoyar legalmente a mi familia si me moría, pero después analicé: «¿Por qué le voy a dar una carga tan fuerte? No quiero dejarle pesar a alguien y menos a alguien que quiero».

Justo tenía ese pensamiento cuando recibí un mensaje de una persona que tenía poco de estar en mi vida y me preguntaba cómo me había ido con un examen que iba a presentar. Esa persona sabía de mi embarazo, pero no de la situación que pasaba. Tuve la necesidad de desahogarme y contarle todo, en especial mi miedo, mi gran miedo. Recibí las palabras más bonitas que alguien pudo haber escrito y, más que hermosas palabras, fue la respuesta que Dios me mandó por medio de esa persona:

«Así que no temas, porque Yo estoy contigo;
no te angusties, porque Yo soy tu Dios.
Te fortaleceré y te ayudaré;
te sostendré con mi diestra victoriosa». Isaías 41:10.

En ese momento mi chip cambió y me dije: «¡No quiero morir! Quiero y deseo vivir».

Ella, sin saberlo, fue la mejor acompañante que tuve y por este medio le vuelvo a dar las gracias.

## CAPÍTULO XV

# VE LA VIDA COMO UN NIÑO

Qué complicado es crecer y madurar. Cuando se es niño solo se piensa en jugar, comer y hacer la tarea. No hay más preocupaciones en nuestra mente. Nos maravilla todo lo que vamos conociendo.

Recuerdo en mi infancia que nos íbamos de vacaciones al pueblo de mi papá, en Oaxaca, o a Zacatecas, de donde es la familia de mi mamá. Pasábamos el verano ahí, teniendo contacto con la naturaleza, jugando en el campo, atrapando chapulines, sacando huevos del gallinero, ordeñando vacas, cuidando los borregos, montando a caballo, jugando bajo la lluvia sin temor a enfermarnos, viendo el cielo lleno de estrellas, atrapando luciérnagas, comiendo a la orilla del fogón tortillas recién hechas, frijoles de la olla, nopales asados, queso casero y oliendo la leña y el aire puro. Podía hacer eso a diario sin aburrirme, pues a las cosas tan simples que la madre tierra nos da siempre se le podía sacar provecho.

Conforme se es adolescente se va perdiendo ese gusto. Ya no se quiere ir de viaje con los papás y mucho menos a visitar familiares que no vemos seguido. El campo y la naturaleza dejan de ser un placer y se prefiere estar en casa viendo televisión (o actualmente en las redes sociales).

Cuando se es adulto te das cuenta de que hay gastos para todo, para comer, educarte, pagar la luz, el agua, el gas, los impuestos, la vestimenta, la salud, el esparcimiento, etc. Un sinfín de pagos que se acumulan día con día y eso hace que la vida a veces no sea tan placentera y se limite a pensar únicamente en cómo cubrirlos, con lo que nos olvidamos de vivir. Entonces se vuelve a desear fervientemente descansar en el campo aunque sea un fin de semana, alejado de todo. Así de irónica es la vida.

Mi hija, a quien adoro y amo con todo mi ser, es una de mis mejores maestras de vida. A su corta edad me ha dado las mejores lecciones. Ella deseaba mucho tener un hermanito, me lo pedía diciendo: «Mami, quiero que tengas un bebé de tu panza». No sabía qué contestarle. Por mi mente pasaba darle unas clases de sexología, más genética, más embriología... es decir, me complicaba mucho el no poder darle una explicación certera y que pudiera comprender. Pero en eso ella me contestaba: «Bueno, se lo voy a pedir a los Reyes Magos». ¡Qué fácil y simple respuesta sin complicaciones! Así debemos ser los adultos: no darles vueltas y rollos a las situaciones de la vida.

Simplemente hay que dejarse guiar y llevar por lo que Dios nos tiene preparado.

Ella fue y es sin duda uno de los motores y razones por las cuales agradezco a Dios tener esta vida. Es una niña muy inteligente y me fascina cómo se sorprende y emociona cuando le regalas un huevo Kinder o cuando la llevo al parque, pasea en su bicicleta, cuando bailamos o le leo un libro. Siempre está alegre, es amorosa, sincera y sabe ser buena acompañante cuando alguien está triste. Era inevitable no llorar frente a ella cuando recién había perdido a mi bebé, pero ella me abrazaba fuerte y me decía: «Respira». Sin saberlo, ella me regresaba al aquí y ahora.

Debemos ser como ella: disfrutar lo que tenemos, vivir el aquí y el ahora. La vida es difícil, lo sé. En ocasiones nos revuelca y sacude sin piedad, pero aun así hay razones valiosas por las cuales debemos estar agradecidos de existir en este plano terrenal.

Hay que pensar menos y vivir más: gozar un saludo de buenos días que nos diga una persona en la calle, disfrutar el pan que hay diariamente en nuestra mesa, aprovechar las pláticas interminables con familiares, amigos, vecinos y compañeros, eternizar los abrazos de las personas que amamos y guardar el aroma de cada uno de ellos, porque eso es lo que se nos quedará siempre grabado en el corazón. El dolor se irá, los recuerdos no.

Mi bebé se fue, pero me dejó un amor infinito y unas ganas interminables de vivir, de vivir como niña, dejándome sorprender por Dios, viendo lo simple y no lo complicado, brindando amor y no odio, disfrutando lo que tengo y he cosechado, abrazando a mis seres queridos, diciéndoles a cada segundo cuánto los amo. Recién mi hija me dio una hoja donde escribió: «Te amo, mamá». Eso sin duda para mí es un tesoro que Dios me manda a través de ella.

Así como los niños ven la vida de sencilla y sin complicaciones, también tienen la facilidad de decir que no ante hechos o situaciones que no quieren, por ejemplo el tener que irse a dormir temprano, comer verduras, recoger sus juguetes, hacer la tarea, ayudar en las labores domésticas o ponerse la ropa que no les gusta. Si bien son actividades que deben aprender a hacer porque son deberes, también es aplaudible que puedan decir no sin temor.

Nosotros también debemos aprender a tener la palabra no en nuestro vocabulario cotidiano y nuestro pensamiento. Es válido alejarse de personas que dañan tanto física como emocionalmente; es aceptable negarse a ir eventos por compromiso, y, sobre todo, es correcto decir no cuando te quieren aconsejar respecto a algo cuya opinión no pediste.

Durante el duelo esa palabra resonará en tu mente: no aceptes lo que te haga más daño y dile sí a todo lo positivo. Dile sí a Dios. No te ciegues ante el universo de críticas respecto a la religión. Dios es más que eso. Permite que entre en tu vida y verás la magia que hará en ti.

# CAPÍTULO XVI

# AMOR

Día a día descubro más el significado en esa palabra. Varía en cada etapa de nuestras vidas. No se ama lo mismo cuando se es niño, adolescente, joven, adulto o cuando se tienen hijos, pareja, mascotas, etc. Cada persona ama de manera diferente, pero ¿qué es el amor?

Para mí, el amor es un sentimiento arraigado en lo más profundo del alma, es algo puro, inmenso y revitalizante. Pero ese amor no es igual en proporción: amo a mis padres sin duda, a mis hermanos, a mi pareja, pero cuando me embaracé y nació mi hija, sentí un amor multiplicado a mil, acompañado de una felicidad inmensa, pero también de un miedo y un instinto de protección que nunca se quita, pues a los hijos se les quiere evitar sufrimiento, dolor, angustia, pesar; se desea ser invisible para poder acompañarlos a todas sus actividades y estar pendientes de cualquier anomalía; rescatarlos si se van a caer; alejarlos de todo peligro y si se sienten mal físicamente, quisiéramos que por arte de magia nos transmitieran sus síntomas para que ellos no los padecieran.

Todo eso y más pensamos como mamás, pero evidentemente no se puede. Tampoco sería sano para ellos, porque deben vivir todas sus etapas para ser independientes. Nuestro papel es darles las herramientas para que se valgan por sí solos, con pleno conocimiento de que estaremos ahí apoyándolos.

Todo lo narrado anteriormente son actos de amor.

Han pasado casi tres meses de la pérdida de mi bebé y mi cabeza analiza de manera diferente ese acontecimiento. Al principio cuando no sabía con exactitud qué pasó, pensé que mi bebé tenía una misión corta en esta vida y llegó a cumplirla, después creí que esa misión era para enseñarme algo a mí, que me vino a dar esa prueba para que yo me acercara más a Dios y valorara todo lo que tengo. Pero ahora sé que tuvo que pasar lo que pasó para que mi bebé no sufriera. Me hubiera partido el alma ver a mi niño condenado a estar en hospitales, con medicamentos o con alguna malformación que lo atara a estar siempre dependiente de mí y que no pudiera ser él mismo.

Ese tipo de vida no es la que quería para él, pues hubiera preferido mil veces sufrir yo a que él hubiera sufrido. Y eso también es amor. Y por amor acepto lo sucedido y confío en que Dios me tiene preparado algo mejor.

«En esto hemos conocido el amor: en que Él dio su vida por nosotros.

Así también nosotros debemos dar nuestra vida por los hermanos». 1 Juan 3:16.

# Lecturas recomendadas

*Mis días de resiliencia* (Paty Silva)

*Decisiones de vida, una lucha constante por la felicidad* (Didier Fernando Carrillo)

*Redimensiónate y exprésalo en salud* (Ilgora Pizzolante)

*De regreso a la vida* (Luis Toro)

*Guía y charlas de meditación* (Luis Guillermo Mendoza)

*Afirmaciones y aformaciones positivas para tu cerebro* (Carola Vital Osorio)

*Escritura emocional. Voces del alma* (Ana Vásquez O.)

www.ingramcontent.com/pod-product-compliance
Lightning Source LLC
LaVergne TN
LVHW010434230826
846092LV00009BA/1162

* 9 7 8 6 1 2 5 0 4 2 0 7 1 *